あなたに幸せの
魔法をかける

ディズニーランドの言葉

小松田 勝
masaru komatsuda

かんき出版

Prologue

「ようこそお越しくださいました。
このあとも、お時間が許す限り
お楽しみください！」

あなたは、ディズニーランドでキャスト（従業員）からこんな風に声をかけられ、心が温かくなった経験はありませんか？

「キャストに撮ってもらった写真が宝物になった」
「会う人みんなに、誕生日をお祝いしてもらえました！」
「あいさつをしてくれたキャストの笑顔で、疲れが吹き飛んじゃったよ」

ディズニーランドに行ったことのある人から話を聞くと、皆さん笑顔でこんなことを語ってくれます。

幸せな思い出は、何年経っても色あせない、大切な宝物になることでしょう。

訪れる人の心を惹きつけ、幸せにしてくれるディズニーランド。
「ここにまた来たい」と思わずにいられないのはなぜか、考えたことはありますか？

アトラクションがおもしろいから？

パーク内が清潔だから？

キャラクターがかわいいから？

花火やパレードが楽しめるから？

セットや装置が凝っているから？

たくさんのことを思いつくでしょう。

そのどれもが正解です。

しかし、ディズニーランドの一番の魅力は、働くキャストのサービスにあると、私は思います。

私は、東京ディズニーランドの開園から約5年間、食堂部の教育担当と人事部診療所のスーパーバイザーとして勤務しました。

退社後も26年にわたり、サービス業の人材育成や経営コンサルティングに携わりつつ、ディズニーランドのサービスや運営理念、人を育てる環境について研究を重ねています。

こうした経験から、私はひとつの答えを見つけました。

ディズニーランドでおこなわれているサービスが人を感動させるのは、ウォルト・ディズニーが掲げた「世界の人々に幸福の場を提供する」という理念が、キャストの行動の軸になっているからだということです。

もちろん、アトラクションやキャラクターなど、現実とはちがう特別な空間を徹底してつくり上げていることも、ディズニーランドならではの特徴です。

でも、それだけでは足りません。完璧なテーマパークがあっても、そこに人の想いがなければ感動は生まれないのです。

心の込もったあいさつ、思いやりのある会話、細やかな気づかい。

こうしたサービスは、現場の若いアルバイトのキャストが「世界の人々に幸福の場を提供する」というウォルトの想いを理解しているからこそ、実践できます。

そこで本書では、キャストがなによりも大切にしている「相手を思いやる心」に触れてもらうために、東京ディズニーリゾートで実際に起こったエピソードをご紹介します。

エピソードのカギとなるのは、相手の幸せを心から願うキャストが紡ぎ出した「魔法の言葉」。

「魔法」といっても、あなたが聞いたことのないような、特別な言葉を使っている訳ではありません。

もちろん、ディズニーランドのマニュアルにも載っていません。

「ごゆっくりおくつろぎください」
「どうぞ素敵な1日にしてください」
「遠くからお越しいただき、ありがとうございます」

こんなシンプルな言葉であっても、そこに相手を思いやる気持ちが宿されていれば、心を揺さぶる「魔法」を生むのです。

そのことを、これから本書を読むあなたに伝えたいと思います。

本書でご紹介するのは、ゲスト（お客さま）とキャストから寄せられた話をもとに構成したエピソード。

登場人物はすべて仮称ですが、どのエピソードも本当にあったことです。

楽しさ、喜び、感動……ディズニーランドではさまざまなドラマが生み出されていますが、ここでは、次の5つのジャンルにわけて紹介しています。

・感動を与える言葉
・特別な日を彩る言葉
・不安を安心に変える言葉

・心に入り込むあいさつの言葉
・相手から信頼してもらう言葉

相手の幸せを願う気持ちが生んだ「言葉」とエピソードのひとつひとつから、ディズニーランドが夢の世界であり続けるために大切にしていることを、感じ取っていただければ幸いです。

2014年5月

小松田 勝

CONTENTS
あなたに幸せの魔法をかける　ディズニーランドの言葉

Chapter 1
感動を与える言葉

Contents

Chapter 2

特別な日を彩る言葉

Chapter 3
不安を安心に変える言葉

Chapter 4 心に入り込むあいさつの言葉

Chapter 5 相手から信頼してもらう言葉

カバーデザイン　矢部あずさ（bitter design）
本文デザイン・DTP　荒井雅美（トモエキコウ）
イラストレーション　須山奈津希

Chapter 1

感動を与える言葉

Word 01

ミッキーさんと一緒に、
楽しみながら
お食事してね

「お待たせしました。ご注文のお子さまセットです」

渡されたトレーの上には、ミッキーの形のお皿に盛られたポテトとハンバーグ。

よく見ると、サイドに添えられた丸い卵焼きがミッキーの形になっていたのです。


それに気づいた息子は大喜び。


「あっ、ミッキーさんがいる！　ねぇ、お母さん、ミッキーさん！」

「ほんとだ、ミッキーさんだね」

息子はすかさず、キャストの方に聞きました。

「ねえお姉さん、これミッキーさんでしょ？」

「僕、よくわかったね！

ディズニーランドは、いろいろなところにミッキーさんがいるんだ。

今日は、おなかが空いている僕をお待たせしちゃったから、いつもは隠れている
ミッキーさんが来てくれたの。
ミッキーさんと一緒に、楽しみながらお食事してね」
ちょうどランチタイムだったので、会計まで20分ほど待ったものの、それでこんな
気づかいをしてもらえるなんて、思ってもみませんでした。

「でも、ミッキーさんを食べちゃうの、かわいそうかなあ」

息子がこんなことを言い出しました。


「大丈夫！　このミッキーさんは、みんなに食べてもらいたいって言ってるんだ。

そうだ、僕はアンパンマン知ってる？」

「知ってるよ」

「アンパンマンも、おなかが空いている人に自分のお顔を食べてもらうでしょ？

それと同じなの。おいしいから食べてみてね」

「うん、わかった。全部食べるね！」

気持ちよく食べられるように、気をつかってくれたのでしょう。

その思いやりがうれしくて、キャストの方に声をかけました。


「お姉さんは、アルバイトの方？」

「はい」

「ディズニーランドって、アルバイトの方でも、いろいろ気づかってくれるんですね」

「ありがとうございます。

私も、小さいときにディズニーランドでたくさん思い出をつくりました。

ディズニーランドで働くようになった今も、お子さんたちに、できるだけ楽しんでもらいたいんです」

「ありがとう。思い出になったわ」

「こちらこそありがとうございます。

私もここでお子さんたちと仲良くなるのが楽しみなんですよ」
「スタッフの方が細やかに対応してくれるから、私も子どもと一緒に楽しんでます。
ありがとう。また来るわね」

Point 01

キャストが安心して働ける現場

ディズニーランドに来たゲストがリピーターになるのは、「安心と信頼感がもてる場所」だからという理由にほかなりません。

ディズニーランドがオープンして約30年が経ちました。

この間ずっと準社員（アルバイト）を続けているキャストが何人かいます。

オープン当初アルバイトをしていた方のお子さんが、親御さんと同じようにキャストとしてアルバイトをしていることもあります。

ディズニーランドは、長い間働いていられる職場、また自分の家族にも働いてもらいたい職場なのです。

現場で働くキャストの「安心して働ける」という思いが自然にゲストにも伝わり、リピーターを増やし続けているのです。

Word 02

ちょっとの間、
帽子を預からせてください

「こんにちは！　帽子が飛ばされてしまったんですか？

少々お待ちください。取ってまいります」


さっそうと現れたのは、1人のカストーディアルキャスト（清掃部門のキャスト）。

私が返事をしようとしていると、彼はあっという間に柵を乗り越え、水辺に落ちた帽子を拾ってくれました。


この日は、私たち夫婦と息子の3人でディズニーランドに来ていました。

風が強く、息子がかぶっていたお気に入りの帽子が飛ばされてしまったのです。


帽子をもって戻ってきた彼は、こう言いました。

「申し訳ございません。水に浸かってしまいました」

帽子は濡れて色が変わっている部分がありましたが、暑い日だったので、

「大丈夫ですよ。時間が経てば乾くでしょうから」

と伝えました。けれど、彼は帽子を手にしたままです。

「でも、乾くまで時間がかかってしまいます。せっかくお越しくださったのに、帽子が濡れたままでは、楽しく遊べませんよね。申し訳ありませんが、ちょっとの間、帽子を預からせてください」

「預けるのは構わないんですが、なにかされるんですか？」

「ちょっとお預かりして、元のようにきれいにしてきます」

「えっ、そんなことができるんですか？」

「ディズニーランドには、コスチュームなどを洗濯する施設があって、そこでクリーニングができるんですよ。

1時間ほどかかりますので、なにかアトラクションをお楽しみくださいませ。

この場所で、1時間後にお待ち合わせしましょう」

「では、お言葉に甘えさせてもらおうかしら。

すみませんが、よろしくお願いします」

約束の時間に戻ってくると、ニコニコしながら待っている彼の姿が見えました。

「お待たせしました。元のようになりましたよ」

「ありがとうございます。本当に元どおりですね！

この帽子、うちの子が大好きな野球選手のサインが書かれていて、宝物なんです」

「ちゃんと元どおりになって、僕もうれしいです」

「本当にありがとうございました」

その場をあとにしようとすると、キャストはポケットからなにかを取り出しました。

「僕、ディズニーランドに来たしるしに、これをつけてみる？」

それは、ミッキーマウスのワッペン。

「うちの子、ミッキーが大好きなんです。いいんですか？」

「もちろんどうぞ。

はい！　自分で好きなところにつけてみてね」

「ありがとうございます。ほら、ちゃんとお礼を言いなさい」

さっきまで泣いていた息子に、いつの間にか笑顔が戻っていました。

「お兄ちゃん、ありがとう！」

「どういたしまして」

言葉を交わす２人を見て、私までうれしくなってしまいます。

「この子、さっきまでしょんぼりしていたんです。よかった」

「そう言っていただけるとうれしいです。

せっかく楽しみに来てくださったのに、つまらない思い出のままお帰りいただく訳にはいきません。

それではこれからも、お時間が許すまで、お楽しみくださいませ」

このできごとは、私たち家族にとって忘れられない思い出になりました。

Point 02

必ずいい思い出に変える「サービスリカバリー」

ディズニーランドには「サービスリカバリー」という、サービスのコンセプトがあります。この考え方が、ゲストを感動させるサービスのポイントなのです。

たとえ、ゲスト自身が起こしたアクシデントや、雨や風、地震などの自然が引き起こした事故だとしても、ディズニーランドはマイナスの思い出を引きずったままにはさせません。

ゲストの期待以上のサービスを徹底することで、悪い思い出をいい思い出に変えてしまうのです。

今回のように、しかたなく起こってしまったアクシデントだとしても、それを放置しておけば、ゲストにとって嫌な思い出になってしまいます。

必ず楽しい思い出をもって帰ってもらう。それが、ディズニーランドなのです。

Word 03

お2人ご一緒のお写真を
お撮りしましょうか？

「こんにちは！　お2人ご一緒のお写真をお撮りしましょうか？」

コーヒーハウスで休憩していると、女性スタッフが元気に話しかけてきました。

夜行バスの疲れからか、午後になっても体がだるかった僕は、とても写真を撮る気になれません。

「…いえ、大丈夫です」

「でも、お2人がおそろいになっているベストショットになりますよ。

楽しまれているところを撮っておきませんか？」

その言葉に、一緒に来ていた彼女が答えます。

「ありがとうございます！　ねえ、せっかくだから撮ってもらわない？」

「彼女さんの言うとおりです。

ディズニーランドでの思い出の1枚になりますよ」

あまり何度も断るのも悪いし、なにより、スタッフの真剣さが伝わってきました。

気は乗らなかったけど、「そこまで言ってくれるなら……」と、お願いすることにしたんです。


「今日はどちらからいらしたのですか？」

「福井です」

「それでは、そう何度もディズニーランドにお越しになれませんね。今日一番の、思い出のショットをお撮りします！」

「ありがとうございます。お願いします」


「さあ、いい写真が撮れましたよ」

スタッフの笑顔とテンションにつられ、僕もいつの間にか明るい表情になっていました。


「本当だ、僕もよく写ってる。ありがとう。

……なんだか、わざわざ彼女がここに連れて来てくれた訳がわかった気がします」

「なにか、お越しになる訳があったんですか？」

「たぶん彼女は、僕のことを励まそうと計画してくれたんだと思います」

じつはそのころ、仕事が絶不調。僕は会社を辞めようとまで思っていました。日に日に疲れ、落ち込む僕の姿を見て、心配したのでしょう。

彼女が急に、「ディズニーランドに行こう」と言い出したのです。

「よかったです。本当に大切な時間になりましたね。

このあとも素晴らしい思い出を、ディズニーランドでおつくりください。

そしてぜひ、幸せなお2人のお写真をたくさんお残しくださいね。行ってらっしゃい！」

もしかしたら、このスタッフも、僕を元気づけようとしてくれたのかもしれません。

「ありがとうございます。おかげで大事な思い出ができました」
そう言って、僕たちはお店を出ました。

僕のことを大切に思ってくれる人が、ちゃんといる。しかも、こんなに近くに。
この日、大事なことに気づかせてもらいました。

相変わらず仕事はキツいままですが、ネガティブになってきたら、あのとき彼女と一緒に撮ってもらった写真を眺めるようにしています。
写真のなかの笑顔を見るたびに、あの日過ごした幸せな瞬間が鮮やかによみがえるんです。

今はまだ、彼女と結婚をしていませんが、心配してくれた大切な彼女のために、仕事を頑張ろうと思います。

Point 03

人に対するプロとして、ゲストの心に寄り添う

ディズニーランドには、「ゲストの立場に立つ」というサービス哲学があります。

ここでキャストに求められているのは、人に対するプロとしてふるまうこと。困っていたり、キャストの手助けを必要としているゲストを見かけたら、「どうなさいました？」「シャッターを押しましょうか？」「なにかお探しですか？」などと自ら積極的に声をかけることが徹底されています。

もし対応に時間がかかるようであれば、情報提供をおこなう専門スタッフにバトンタッチをしたり、代替案を示したりと、ほかのゲストへのサービスがおろそかにならないような配慮もされます。

ディズニーランドのキャストが、ゲストの気持ちを察し、心に寄り添う対応ができるのは、人に対するプロとしての教えを、実践しているからなのです。

Word 04

ほら、
ミッキーさんが見てるよ!

私は、去年からトイ・ステーションでキャストをしています。

ある日の夕方のこと。いつものように店内は、おみやげを買うゲストで混んでいました。

「お買い上げありがとうございました。

あれ、どうしたの？　なんで泣いてるの？」

商品とおつりを渡そうとしたお母さんのそばで、男の子が泣きじゃくっています。

ミッキーのパスケースを手にもっていました。

「すみません。この子がパスケースを欲しがったんですが、家に帰れば同じようなものがたくさんあるので、今日は買わないと言ったんです。

そしたら泣いてしまって……」

と、お母さんが申し訳なさそうに返事をしました。

私も小さいころ、買い物中に駄々をこねて親を困らせました。
21歳になった今は、お母さんの気持ちもよくわかります。

「わかりました。ちょっと待ってくださいね」

男の子を泣き止ませる、とっておきの方法を試すことにしました。
おつりの500円玉と10円玉2枚を組み合わせて、ミッキーの形にして見せてあげたんです。

「僕、見て。ほら、ミッキーさんが見てるよ！
『男の子がそんなことで泣いたらおかしいよ』だって」

手の上のミッキーを見たとたん、男の子が声を上げます。

「わあ、ミッキーさんだ！」

「ミッキーさんはいろいろなところに隠れているんだ。
僕も見つけてみてね」
「やってみる！
見て！　耳が黒いミッキーさんじゃなくて、僕のは白いミッキーさんだよ」

お母さんはホッとした様子。その姿を見て、私も安心しました。

「どうもありがとうございます。
あっという間に泣き止んだし、ミッキーを探すことに夢中みたい。助かりました。
これがディズニーランドのマジックなんですね。なんだか手品みたい。
いつもこんなサービスをされているんですか？」

じつは、こうやって泣いている子に話しかけたのは、はじめてではありません。
朝から遊びに来て、疲れたお子さんがぐずってしまうのは、よくあることだからです。

「ゲストには小さなお子さんも多いですし、同じようなことがよくあります。そんなときのために、いろいろ工夫をしているんですよ」

そう伝えると、お母さんも笑顔になりました。

「僕、また来てね！　それまでは、近くに隠れてるミッキーさんと遊んでみてね」

「うん。今度友だちにもやってあげるんだ！」

またね、と手を振る男の子を見送り、私も温かな気持ちになりました。

Point 04

「ディズニーマジック」は、ゲストへの小さなサプライズ

ディズニーでよく使われる言葉、「ディズニーマジック」。これは、ディズニーランドに来ただけで、自動的に感動が呼び起こされるという意味ではありません。ディズニーランドは、ハードにもソフトにも徹底してこだわっていますが、それ以上に、ゲストに満足してもらうための最高のサービスを用意しています。といっても、ゲストが緊張してしまうような敷居の高いサービスをおこなう訳ではありません。ゲストに、気のきいた小さなサプライズを楽しんでもらうようにしているのです。

じつは、こんないたずら心が強かったのがウォルト・ディズニー本人でした。人々をリラックスさせるために、小さないたずらをいつも誰かにしかけていたのです。クスッと笑えるシーンがたくさんちりばめられているディズニーアニメのように、パーク内のサービスにもいたずら心を取り入れたい。そんな思いからできた言葉が「ディズニーマジック」なのです。

Word 05

これが、ディズニーランドで決められているサービスです

ハッと気がついたときには、手遅れでした。

風船は空高く飛んでいき、もうすぐ見えなくなります。

「はぁ。ついてないなあ」

久しぶりに遊びに来た記念に、友だちとおそろいでミニーマウスの風船を買ったのは、ほんの5分前のこと。

ボーっと空を見ていたら、1人のキャストが声をかけてきました。

「飛ばされてしまいましたね。一緒に売り場まで戻りましょうか」

そのキャストと一緒に、風船を買ったワールドバザールまで戻ることにしました。

「どのバルーンでもいいですよ。お好きなものをお選びください」

「やっぱりピンクのミニーにします！　おいくらでしたっけ？」

お財布を出そうとすると、キャストの方はこう言いました。

「お代は結構ですよ」

私はびっくりしました。

「えっ？　そうなんですか？　私がボーっとしてて、飛ばしてしまったんですよ？」

「でも、わざとではありません。

一度お買い求めいただいたのですから、飛ばされてしまったときは、無料で交換しているんです」

「ありがとうございます。……でも、こんなことしてもらっちゃっていいのかな」

「ご安心ください。これが、ディズニーランドで決められているサービスです。もし割れてしまったときは、残された風船の結び目をキャストに渡せば交換してくれるんですよ」

「知らなかった。そんなことをしてもらえるんですね」

「私たちがめざしているのは、全世界の人々に幸せになってもらう場所です。来てくださったゲストが困っていることを、販売チャンスにするような人は、ディズニーランドにはいません」

「素敵な考え方ですね。うれしいです。どうもありがとう！」

Point 05

利益よりもゲストの幸せな気持ちを優先

ディズニーランドでは、一見無償のように思えるサービスを、ごく普通におこないます。それは、「世界の人々に幸福の場を提供する」という目的があるからです。

ゲストに楽しい気分のまま帰ってもらうためであれば、見返りのないサービスであろうと、全力でおこなうのです。

無償のサービスを受け、ゲストが思わず、

「悪いね、気をつかってもらって」

「いいんですか、ただでいただいて？」

と聞くと、キャストは必ず、

「これはディズニーランドで決められているサービスなんです」

と伝えることになっています。

儲けのチャンスより、ゲストの「幸せな気持ち」を優先する。

それがディズニーランドのサービスなのです。

Word 06

このままでもわかるように、
色の違うシールを
貼っておきます

ディズニーランドに遊びに来たので、海外で暮らす甥っ子と姪っ子のクリスマスプレゼントを買うことにしました。

選んだのは、ディズニーキャラクターのマグカップ。

これなら、子どもたちが色違いで使うことができます。

レジで会計をしていると、

「お買い上げありがとうございます。小分け用の袋をお入れしますか？

それとも、別々にお包みしたほうがよろしいですか？」

と女性の店員さんから声をかけられました。


「海外に住んでいる子どもたちにプレゼントするの。

別々に包んでもらえますか？」

「かしこまりました。外国にいるお子さんたちへのプレゼント用ですね」

「そうです」

「お子さんには男の子と女の子がいらっしゃるんですか？」

「そうね」

「そうしますと、男の子用か女の子用か、わかるようにしておきましょうか」

その言葉を聞いて、私は驚きました。

ラッピングをするときに、こんなことを聞かれたのははじめてだったからです。

さらに彼女は続けます。

「少しお時間をいただければ、５つすべてを区別できるようにお包みしますが、いかがでしょう？」

「じゃ、それでお願いしようかしら」

「ひとつずつラッピングをして、このままでもわかるように、色の違うシールを貼っておきます」

「ああ、なるほど。

じゃあ、シールの色と中身を忘れないようにしなきゃね。

子どもたちに渡すのは2週間後なんだけど、覚えておけるかしら」

「ではこちらのカードにも、対応した5色のシールを貼っておきます。

シールの横に、お子さまの名前を書いていただければ、わかりやすいかもしれませんね」

「いいアイデアね。ありがとうございます」

私がそう言うと、店員さんは手際よくラッピングをしはじめます。

「海外におもちになるということでしたので、割れないように、箱のなかにクッション材を入れておきます。

箱のまわりにもエアークッションを巻いておきますね。

これでつぶれにくくなりますよ」

「そうしてもらえると助かります。

すみません、いろいろとお手数をおかけして。

正直、ここまでしてもらえるなんて思ってなかったわ」

「これは私たちの大切な仕事ですから」

たぶん彼女は、私が子どもたちにプレゼントを渡す場面まで想像してくれたのでしょう。そうでなければ、こんな提案はできないはずです。

「大変お待たせいたしました。お気をつけておもちください。

アトラクションを回られるときに荷物になってしまうので、ロッカーにお預けいただくか、ご自宅にお送りいただくことをおすすめします」

「そうね。自宅に送ろうかしら。お気づかいありがとう」

「いいえ、お時間がかかってしまい申し訳ございませんでした。

それではこのあとも、ディズニーランドをお楽しみくださいませ」

Point 06

サービスは現場で磨かれる

東京ディズニーランドのオープン前、世間では「マニュアル至上主義」「機械的なサービスしかできない」などという噂がささやかれていました。しかしふたを開けてみると、ゲストへの心の込もったサービスに、一気に人気が集まったのです。

ディズニーランドでは、現場にいるキャストが考えたサービスやアイデアをみんなで共有しながら、オペレーションを磨き続けています。

トップが計画を考え、それをスタッフに実行させるという一般的なサービスシステムがディズニーランドにないのは、「ゲストの立場に立った」サービスをその場で考え出す習慣があるからなのです。

人の心を動かすサービスは、企業の「理念」と「教育」、そして「運営」の3つのバランスが取れてはじめて実現できるもの。ディズニーランドの例から、そのことが学べると思います。

Word 07

今日は「ご家族」でお越しいただき、ありがとうございます

「こんにちは！　本日ガイドツアーを担当します、須藤と申します。今日1日、皆さまが楽しいひとときを過ごしていただけますよう、ご案内いたします。ご希望がございましたら、おっしゃってください」


紺色の制服を着た若いガイドさんが、あいさつをしてくれました。

この日は、幼なじみで親友の志保と、おたがいの子どもたちと一緒に来ていました。


「皆さまはご親戚ですか？」

「私と志保は、小学生のときからの親友なの。もう30年近いつきあいなんです。おたがいに結婚してからも仲がいいんですよ。子どもたちの小学校も同じで、なにかと一緒に動けるんです」

「それでは、もうご家族同然ですね。今日は『ご家族』でお越しいただき、ありがとうございます」

「家族」。大親友のことをそんな風に言ってもらい、私はうれしくなりました。

「志保の子はスピード系のアトラクションも乗れるんですが、うちの子は怖がっているんです。

乗せてあげたいんですけど、どうすればいいかしら？」

「わかりました。最初はスピードのある乗り物ではないほうがいいですね。

暗いとか、先が見えないといった理由で怖い思いをしてしまい、なかなか楽しめないんですよ。少し遅くても、楽しみながら乗れるものにしましょう」

須藤さんの言うとおり、まずはゆったり楽しめるピーターパンのアトラクションに乗ることにしました。

「どう、怖かった？　暗かったかな？」

心配になって娘に話しかけると、

「ううん、おもしろかった！」

と元気な声。どうやら、まったく怖くなかったみたいです。


「よかったわ。

須藤さん、あなたの案内のおかげね。ありがとう」

「とんでもないです」


「あなたは、子どもを安心させるのが上手ね。

私はついついキツく言ってしまうの。反省しなきゃ」

「いえいえ。私もここで働くことがなければ、自分の子どもにはキツく当たるんだろうなと思います」


子どもたちの名前を呼びかけながら会話をしたり、アトラクションのセットにある隠れミッキーのクイズを出してくれたりと、最後まで丁寧にガイドしてくれた須藤さん。
子どもたちも、とても喜んでいました。
「須藤さんって、人をホッとさせる方ね。
そういう方じゃないと、幅広い年代のお客さんを相手にできないのかも。
また来るときもお願いしたいけど、須藤さんがいなかったら困っちゃうわ」
「大丈夫です。
もし私がいなくても、私と同じように対応できるスタッフばかりですから。
ぜひまたお越しくださいませ」

Point 07

資質を見極め、磨き、生かす

ディズニーランドが一番大事にしているのは、「世界の人々に幸福の場を提供する」ことです。

「人を幸福にする」とアピールするだけであれば簡単ですが、実践することは本当に難しいことです。にもかかわらず、ディズニーランドでは20歳前後のアルバイトを中心としたスタッフで、それを可能にしています。

ウォルトは、自分の思いを浸透させるため、徹底した教育システムをつくりました。ただし、ただ教えられただけでは、レベルの高いサービスは身につきません。それ以前に、自然に心からのおもてなしができる人を探し出すことが必要です。

キャストの資質を見極め、磨き、生かすことができてはじめて、ウォルトが理想とするパークが実現します。ディズニーランドでは「人を幸福にできる」資質をもったキャストが常に努力を重ね、ゲストを感動させる環境をつくっているのです。

Word 08

またなにかお困りでしたら、いつでもご質問ください

3年前の秋のことです。

同窓会の幹事だった私は、同級生みんなとディズニーシーにやってきました。

着いてすぐ向かったのは、ブロードウェイ・ミュージックシアター。ミッキーのドラムがかっこいいと評判のビッグバンドビートが観たかったのです。

「お待ちの方が増えてまいりました。

おそれいりますが、2列になって、もう少しお詰めください」

そう声をかけてきたスタッフの人に、私は質問します。

「これって、抽選が必要なんですよね。

今日は16人と大人数なんですが、みんな一緒に入れますか？」

私がこれまで来たなかで、一番の大所帯だったこの日。

幹事のプライドにかけて、全員で楽しめるアトラクションを選びたかったのです。

「おそろいでお並びいただいていますか？」

「はい」

「それなら大丈夫です。最初のショーの1・2階の全席と、2回目以降のショーの2階席は抽選をおこないませんので、お待ちいただいている順番でお入りいただけます」

「大丈夫なんですか？」

「1回目のショーは、時間が早いため、多くのゲストの方はほかのアトラクションで遊ばれています。

そのためこちらは、お並びいただいている方全員にお入りいただけるんですよ」

席が分かれたり、時間がずれたりしないか心配していましたが、私はその説明で安心しました。

「このままショーの時間まで待っていればいいんですか？」

「はい、そうです。

1回目のショーは、抽選なしで入れますが、代表の方だけお並びいただいても、参加人数の把握ができません。

人数を間違えてしまい、万が一お入りいただけなくなるといけませんので、このままお待ちいただいているんです」


「ちなみに、ほかの回を観るとしたら、抽選が必要なんですよね？」

「今日は1日に5回、公演があります。

2回目以降のショーでは、2階席であれば抽選は必要ありません。

全員おそろいでこちらにお越しください」


「ショーの公演回数や時間は、その日によって違うということ？」

「はい、そうです」

「抽選をするときも、同じように全員で来ないといけないんですか？」

「いいえ、そのときは代表者の方お1人だけでも結構ですが、全員分のパスポートをおもちください。
皆さまご一緒にご覧になれるお席をご用意いたします」
「わかりました。ありがとうございます。
それでは今、このまま並びます」
「またなにかお困りでしたら、いつでもご質問ください。
それではこのあとも、お楽しみくださいませ」

Point 08

ゲストが納得するまで説明をする

東京ディズニーランドは、開園当初から混雑していたため、ゲストはさまざまなアトラクションや施設で待たされていました。

当然、多くのクレームが寄せられ、ディズニーランドは、ウェイティングの時間を短縮するさまざまな解決策を講じていきました。

しかし、混雑状況は簡単には解決できません。そこで、ゲストに理解されやすい説明をし、待つことに納得してもらうための対応が徹底されていきました。

運営側の都合を押しつけないこのやり方は、ゲストを「自分も一緒に運営に参加している」という気持ちにさせ、それが、クレームの減少にもつながっているのです。

Chapter 2

特別な日を彩る言葉

Word 09

お2人に幸せのおすそ分けをしていただいたようです

「お寒いなかお越しいただき、ありがとうございます。

マップをご覧になっていらっしゃいますが、どちらかお探しですか？」

「花火を見ようと思っているんですが、どのあたりがいいか、わからなくて……」

「わかりました、ご案内します。こちらへどうぞ」


歩きながら、キャストの方が笑顔で話しかけてくれます。

「今日はお2人でお見えになったんですか？」

「そうなんです。私たち、高校の同窓会でディズニーランドに来たことをきっかけに、
つき合うようになったんです。

それまではあまり話したことがなかったのに、不思議ですよね」

高校を卒業してから5年目の春、私たちは再会しました。
10代のときは接点がなく、会話も数えるほどしかなかったのに、話してみると意気
投合。

もしかしたら、ディズニーランドの特別な空間が後押しをしてくれたのかもしれません。

そして、それから1年が経ち、私たちは結婚を決めました。

「じつは、この秋に結婚をすることになりました。今年中に、思い出のディズニーランドに行こうと決めていたんです」

「それはおめでとうございます！

ディズニーランドがお2人のご縁を結びつけたんですね。うれしいです」

キャストの方は、まるで親しい友だちのように喜んでくれました。

「ありがとう。そう言ってくれると、私たちもうれしいです」

「では、お2人がご結婚された年の最後を彩る最高のスポットにご案内します！」

そう言いながら向かったのは、トゥモローランド・テラス。

建物のなかに入るなんて予想していなかった私たちは、少し驚きました。

「えっ、お店のなかから見るんですか？」

「これから花火まで1時間ほどあります。ゆっくりとお待ちいただける場所をお探しいたしました」

「ガラス越しではなく、できれば外で見たいのですが……」

「大丈夫ですよ。ちゃんと屋外の場所にご案内します」

外から花火を見られると聞き、私たちはホッと一安心。通されたのは、奥のテラス席でした。

「テラスですか。すごくいい場所ですね」

「食事をしながら花火とキャッスルをご覧になれる、絶好のデートスポットです。ここなら、ゆっくりコーヒーをお飲みいただきながらお待ちいただけますよ。お2人の思い出を語り合ってください」

「ありがとうございます」

「ここは、ゆっくりされたいお2人にはぴったりだと思います。大切な結婚記念の年の最後にわざわざお越しくださいましたので、ご案内させていただきました。

ちょうどお席が空いていてよかったです」

この日を特別なものにしてほしいという思いが、彼の言葉から伝わってきます。

「あなたのおかげで、記念の年を素敵な思い出で締めくくることができました」

「私こそ、お2人に幸せのおすそ分けをしていただいたようです。末永くお幸せに。また来年もお越しくださいませ」

素敵な演出をしてくれたキャストの方には、感謝の思いでいっぱいです。

「またここに来ようね」と2人で約束をしました。

Point 09

いつでも新鮮なサービスをおこなう

一般的に、何度も同じ店や施設を訪れるリピーターは、それまで受けたことのあるサービスを、「やってもらって当然のレベル」だととらえやすいものです。

そうした人に感動を与えるには、前回訪れたときよりも、楽しさや気づかいなどを少しでもプラスする必要があります。

ディズニーランドのキャストが、ゲストを感動させる対応ができるのは、リピーターの多い環境が、サービスを常に新鮮なものにしているからなのです。

Word 10

ご夫妻で忘れられない思い出をおつくりください

ある春の日、夫婦で20年ぶりにディズニーランドにやってきました。

私たちは事前になにも調べていなかったので、はじめて見るアトラクションやイベントに戸惑うばかり。


入り口でもらったマップを見ながら、どこを回るか決めようとしていると、白い服を着たスタッフの方が話しかけてくれました。


「こんにちは！　なにかお探しでしょうか？」

「これからどこに行こうかと、迷っているんです。おすすめはなんでしょうか？」


「すべてと言いたいところですが、この時期だけの特別なイベントもございます。

何度もお越しいただいているようでしたら、新しいアトラクションや、この季節限定のイベントやショーをご案内します。

まずは、どのようなものがお好みか、お聞かせいただけますか？」

「じつは20年前、子どもがまだ小さいときに1回だけ主人と一緒に来たんですが、それきり一度も来ていないんですよ」

仕事に一直線の主人と出歩く時間は、これまでほとんどありませんでした。主人の定年退職をきっかけに、久しぶりにみんなでディズニーランドに行こうと思い立ち、娘に提案したんです。

「本当は娘や孫たちと一緒に来ようと考えていたんですが、娘には『夫婦水入らずで行って来なよ』と言われてしまったんです」

孫はまだ幼稚園児。

遊びに来ても目が離せず、ゆっくり過ごせないことを娘たちは気にしてくれたのでしょう。

「それでお2人でお越しになったのですね。

それではゆっくりお楽しみいただけるところにご案内します」

「ありがとうございます！

スピードのある乗り物に乗りたい訳ではありませんし、たくさん回ると疲れちゃうので……どこがいいかしら」

「それでは、ワンマンズ・ドリームⅡというショーはいかがでしょうか。

ウォルト・ディズニーの人生をショーにしたもので、人気なんですよ」

「私は見たことがありませんし、主人もウォルト・ディズニーが好きなので、いいかもしれません」

「それでは、ご案内いたします」

「教えていただければ、自分で行きますよ」

「いえ、せっかくなのでご一緒させてください」

そう言うと、そのまま私たちをトゥモローランドのショーベースまで連れて行ってくれました。

「ちょうど1回目のショーがはじまるので、こちらで少々お待ちいただけますか？」

「わかりました。

わざわざありがとうございました」

「このあとも、ご夫妻で忘れられない思い出をおつくりください」

その言葉どおり、この1日はショーに食事にパレードにと、ゆっくりと2人の時間を過ごすことができました。

年を重ねてきた私たちを、20年前と変わらない温かさで迎え入れてくれたディズニーランド。

何年かあとに、また2人で来たい。

そう思わせてくれた1日でした。

Point 10

特別な日を一緒に演出する

ディズニーランドには、誕生日や記念日など、特別な日に訪れる人が多くいます。

「あそこなら、きっと素敵な時間を送れるだろう」

ゲストたちは、そんな期待を胸にディズニーランドに来園するのです。

もし、ゲストへの気づかいのない環境であれば、期待の反動で大きなクレームにつながりかねません。

反対に、幸せを演出する環境が完成されていれば、ゲストの満足度は大きく高まります。

ゲストの特別な日の演出に全力を傾ける。これが、リピーターを増やし続けている大きな要因なのです。

Word 11

ご出産後に落ち着いてから、
赤ちゃんと一緒に
遊びに来てくださいね

私がキャストとしてデビューしてから、半年が経ったころのことです。

キャッスルカルーセルのそばで、1人で待っているお母さんがいました。

ついさっきまで、旦那さんと小さな女の子と一緒にいたはずです。


「こんにちは！　お母さまはお乗りにならなくてもよろしいですか？」

「あ、私は大丈夫なんです」

「せっかくお越しになったのですから、どうぞ皆さんとご一緒にお乗りください」

(家族の写真を撮るために残っているなら、私に任せてもらおう)

そう思って話しかけたのです。


「……じつは私、おなかに赤ちゃんがいるの」

お母さんからは、予想外の言葉が返ってきました。

よく見ると、少しだけおなかがふくらんでいるのがわかります。

「それはおめでとうございます！　無理強いをしてしまい、失礼いたしました。お体は大丈夫でしょうか？」

「出産はまだ先なんだけど、今日は上の子の誕生日で、ずっと前からディズニーランドに来る約束だったの。本当は一緒に乗ってあげたいんだけどね。来られただけでもよかった」

「大切なお体ですから、どうぞお気をつけください。せっかく来ていただいたのに、ここで嫌な思い出をつくるようなことがあっては申し訳ございませんので」

「ありがとう。

今日の誕生日が過ぎれば、赤ちゃんが生まれるまでゆっくりできると思います」

「ぜひそうなさってください。

ご出産後に落ち着いてから、赤ちゃんと一緒に遊びに来てくださいね」


キャッスルカルーセルのＢＧＭが流れるなか、旦那さんと娘さんがこちらに手を振っているのが見えます。


「今日は何時ごろまでいらっしゃるご予定なんですか？」

「夕方までなので、あと４時間くらいかな」

「そんなに長時間、お疲れになってしまいませんか？

車いすをご用意しましょうか？」


「大丈夫。少しは体を動かしたほうがいいですから」

子どものためなら、ついつい無理をしてしまうのがお母さんです。

少し心配になって、私はこう聞きました。

「もしよろしければ、座ってゆっくりご覧いただけるショーステージのプログラムなどをおすすめします。

時間を確認いたしましょうか？」

「お気づかいありがとう。

でも今日はあの子が主役なので、希望を優先してあげなきゃ。

私はどこかに座って待っているので大丈夫よ」

娘さんと旦那さんを眺めるお母さんの表情は、この上なく幸せそうでした。

何カ月かあと、家族がもう1人増えてからも、またディズニーランドで思い出をつくってほしい。

そんな気持ちになった1日でした。

Point 11

現場でのトレーニングが判断力を磨く

ゲストに対して「その人の立場に立った」サービスをするために、キャストはどのように判断力を高めているのでしょうか。


ディズニーの研修では、研修生に気づきを与える訓練があります。

トレーナーは、オンステージ（パーク）にいるゲストの様子を見ながら、

「あのゲストは、今どんなことで困ってる？」

「（小さな子を見て）アトラクションに乗れるかな？」

など、自分の頭でゲストのことを考えさせる質問を投げかけ、判断力を磨きます。


ディズニーランドのキャストは、若いアルバイトが大部分を占め、そのメンバーも短期間で替わります。そこで、誰でも現場に入ってすぐ、ゲストを気づかった行動や言葉がけができるように訓練することで、サービスレベルの底上げをしているのです。

Word 12

ご結婚前のひとときの思い出をおつくりください

「ゲートが見えてきた。そろそろチケットを用意して」


結婚式を来週に控えた日のことです。

私たちは、舞浜駅から早足でディズニーランドに向かっていました。

1カ月前までは、結婚式当日に来園する計画を立てていましたが、あまりに慌ただしくなってしまうことを想像して、前倒しにしたのです。


ところがここで、彼から予想外の言葉。

「あれっ、ヤバい！　日にちが結婚式の日になってる！」


一瞬、空気が固まったのがわかりました。

なにかの間違いではと、前売りチケットの日付を確認します。

でもそこには、紛れもなく結婚式の日が書かれていました。

「本当だ……。どうしよう」

「ごめん！　俺が無意識に結婚式の日を選んで買っちゃったんだ」

「しかたないよ。気にしないで。ちゃんと話せばわかってくれるんじゃないかな」

「そうだね。ここまで来ちゃったしな」

チケットカウンターで、おそるおそる切り出します。

「すみません、日にちを間違えてチケットを買ってしまったんですが……。このチケットでは入場できませんよね？」

「チケットを見せていただいてもよろしいですか？」

「はい。じつはチケットに書いてあるこの日に結婚式を挙げるんですが、間違えてその日付のものを買ってしまったんです」

「わかりました。少々お待ちください。担当者を呼んでまいりますので」

「すみません」

少しすると、男性キャストが来てくれました。

「お待たせいたしました。担当の池上と申します。

お越しになる日にちが違ったとのことですが、大丈夫です。

お2人は本当にラッキーですよ。今のシーズンの土日は入場制限をしている日が多いんですが、今日はたまたま制限をしておりませんので、お入りいただけます」

運がいいことに、この日に限って入場制限がなかったそうです。

「ご結婚の前後にこちらにお越しになるカップルの方は、これまで何組もいらっしゃいました。

ここだけの話、忙しい合間を縫って来園される方ばかりなので、ささいなことで喧嘩になってしまうことも多いんですよ」

「私たちにもちょっとしたアクシデントがありましたしね。

まあ、小さなトラブルは結婚してからもたくさんあるでしょうし、今日は神さまが与えてくれた練習だと思うことにします。ありがとうございました！」
「お2人は、喧嘩とは無縁かもしれませんね。
今日はたっぷりと時間があります。ご結婚前のひとときの思い出をおつくりください」

Point 12

「幸福のエッセンス」を振りかけてゲストを元気づける

ディズニーランドでは、なにかのアクシデントでゲストが落胆していたら、ドラマチックな演出をして元気づけます。

「幸福のエッセンス」を振りかけて解決するその方法は、「ディズニーマジック」と呼ばれています。

もちろん、演出の背景には、「ゲストの立場に立つ」というフィロソフィーや、パークの安全を守るという大前提があります。

ディズニーには「オペレーションマニュアルは70~80%」という言葉がありますが、その真意は、「よりよいサービスやオペレーションを常に更新していく必要がある」ということにあります。キャストには、守るべきルールを徹底しつつ、状況に即したサービスで、ゲストを幸福にさせることが奨励されているのです。

Word 13

こちらは、天国にいるお嬢さまの分です

ある夏の日、夫と下の娘とディズニーランドに遊びに来ていました。

イーストサイド・カフェでお昼を食べていたときのお話です。


突然、注文をしていないケーキとオレンジジュース、そしてミニーマウスのぬいぐるみが運ばれてきました。

驚いて顔を上げると、キャストの方がこう言います。

「こちらは、天国にいるお嬢さまの分です」


じつはこの日は、亡くなった上の娘の6歳の誕生日。

生まれつき難病を患っていた娘は、長い闘病の果てに亡くなりました。

病室のベッドで、「ディズニーランドに行って、ミッキーさんに会いたい」と言っていた娘の思いを叶えるために、この日家族で遊びに来たのです。


テーブルの上に遺影を立てかけ、亡くなった娘の思い出と一緒に食事をしていると、下の子がほほえみながら話しかけます。

「お姉ちゃん、楽しい？」

まだ小さい下の娘は、姉の死についてほとんど理解できていません。

「お姉ちゃんはね、天国のディズニーランドで毎日遊んでいるんだよ。今日はお誕生日だから、こっちに来てくれたの」


この会話を、偶然そばで聞いていたキャストの方がいたのです。

「申し訳ありません。お話の内容を聞いてしまいました。よろしければ、このミニーマウスをご一緒させてください」

そう言いながら、ミニーのぬいぐるみを空いている椅子に座らせ、その前にケーキとジュースを置いてくれたのです。


自分の目に涙がこみ上げてくるのがわかりました。

「ありがとうございます。うちの子、生まれてすぐに病気にかかって、半年前に逝ってしまったんです」

「それは、ご愁傷さまでございました。ご家族の皆さまも、おつらかったと思います。

失礼ですが、どのようなご病気だったのか、お聞きしてもいいですか？」

「筋肉がだんだん萎縮していく、筋ジストロフィーという病気です。

娘は自分で体を動かすことができなくなっても、ベッドの上でずっと、ディズニーランドに行きたいと言っていたんです。今日は、やっと来ることができました」

「そうでしたか……」

そう口にしたキャストの方の目にも、うっすらと涙が浮かんでいます。

「では今日は、亡くなられたお嬢さまも一緒に楽しんでください。

こんな大切な日にお越しいただき、本当にありがとうございます。

上のお嬢さまにもケーキをお召し上がりいただきながら、皆さまご一緒の思い出をおつくりいただければうれしいです」

まるで娘がそこにいるような口ぶりに、私たちは温かい気持ちに包まれました。

「ありがとうございます。あの子も喜んでいます」

やっと来れたね。よかったね。心のなかで何度もつぶやきました。

彼女の気づかいのおかげで、私たちはゆったりとした時間を過ごせました。


会計をすませようとすると、レジを担当してくれたキャストの方が、

「お嬢さまの分は、私たちからのバースデーサービスです」

と、料金を受け取ってくれません。

同じフロアにいたほかのキャストの方も、目が合うと笑顔でお辞儀をしてくれました。

「お誕生日おめでとう！」

と、写真に声をかけてくれるキャストの方までいました。


来てよかった。私は何度もそう思いました。


命日からもう3年が経とうとしていますが、キャストの皆さんの優しい言葉は、今でも忘れません。

あの日以来、娘の誕生日をディズニーランドでお祝いするのが、家族の恒例行事になりました。

Point 13

基本を超える徹底力

ディズニーランドのサービスは、基本を徹底するステップと、その基本を超えるステップの2段階に分かれています。

研修で教えられる「スタンダードマニュアル」には、サービス全体の70～80％程度のオペレーションしか決められていません。残りの20～30％は、キャストが試行錯誤しながら身につけた、「その場で一番いいと判断したこと」を実行してはじめて満たされるのです。

基本を超えるには、キャストの「気づく力」と、「気づかいのあるサービス」が、不可欠です。キャストが常によりよい対応を追い求める姿勢が、ゲストが感動する「魔法の言葉」を生み出しているのです。

数年後、中学生になった息子は、サッカー部に入りますます活発になっていきました。高校、大学も友だちに恵まれ、毎日の学生生活を楽しそうに過ごしていました。もう、私たち夫婦が息子の友だちづきあいを心配することはありませんでした。

「家が近ければ、ディズニーランドでアルバイトをしたかった」
ある日息子はそう言っていました。
学校に行けなかった日々が嘘みたいですよね。
私たち家族にとって、ディズニーランドは特別な場所。
そして、キャストの皆さんは大恩人なんです。
本当に、本当に、ありがとうございました。

Column ディズニーファンの方からのお手紙1

私の息子は小学校でいじめにあい、学校に行けない時期がありました。どうすれば元のように学校に通ってくれるのか、いろいろと悩んだものです。

主人と話し合い、いつもは行かないようなところで気持ちを切り替えてあげようと、ディズニーランドに遊びに行くことを決めたんです。

家族ではじめて訪れたディズニーランド。

そこで息子は、これまで私たちに見せたことのないほど、元気な笑顔を見せてくれました。

何度か遊びに行くうちに少しずつ、息子の明るい表情が増え、小学校にもまた通えるようになったのです。

学校に行けなくなったころ、息子は友だちとくだけた会話をすることが苦手でした。

聞くと、ディズニーランドを訪れるたびに、キャストの方が明るく話しかけてくださったことがうれしくて、友だちとも気楽に会話ができるようになったそうです。

Chapter 3

不安を安心に変える言葉

Word 14

すぐに見つかりますから、ご安心ください

「すみません、下の子が迷子になってしまったんですが……」
ちょっと目を離したすきに、４歳の次男がいなくなってしまいました。
土曜日の昼のディズニーランドは、家族連ればかりで大混雑。
私１人では見つけられない、と困り果て、近くにいたカストーディアルキャストに声をかけました。

「お母さまですね。大丈夫ですよ。
今まで迷子になったお子さんは、みんなすぐに見つかっています。
どうぞご安心ください。見失ったのはこの場所ですか？」

私の話を聞いたキャストは、落ち着いた口調で話してくれます。
私は、深呼吸をしてから「そうです」と答えました。
「わかりました。
それでは、お子さんのお名前と年齢、外見を教えてください。
髪形、服装の特徴と色、帽子をかぶっているかどうか、お履きものの種類や形、色など、捜すときのポイントとなることを、私たちに教えていただきたいのです」

「はい……」

そのキャストは、手際よく状況を質問してくれました。

会話のなかで何度も「必ず見つかります」と言ってもらったおかげで、少しずつ不安がやわらいでいきました。

「ありがとうございます。今おうかがいしたことを、スタッフに無線で連絡します。パークから外に出ている訳ではありませんので、すぐに見つかりますからね」

ディズニーランドでは、迷子のアナウンスをする代わりに、情報をパーク全体で共有するシステムになっているそうです。

少しすると、もう1人のキャストがやってきました。

「お待たせしました。担当者が来たので交代します」

「えっ。交代されるんですか？」

てっきり最初のキャストの方が見つけてくれると思っていた私は、少し驚きました。

「大丈夫ですよ。彼は迷子のお子さんを捜す担当で、今まで多くの迷子を見つけてきたプロフェッショナルですから」

「そんな方がいるんですか。よろしくお願いします」

「彼は、翔太くんの特徴やはぐれた場所など、すべて把握しています。

今、無線をもっているスタッフが捜していますので、必ず見つかります。それでは私は彼にバトンタッチして、失礼します」

はぐれた場所に戻りながら、新しく来たキャストと話をします。

「翔太くんとはぐれた場所は、このあたりでしょうか。

だいたい、その場所の近くにいるものです。もうそろそろ連絡が入るころですよ」

「早く見つかってくれると安心なのですが……」

「藤野さま、すぐに見つかりますから、ご安心ください」

その言葉のとおり、15分後には、キャストと手をつないで歩いてくる息子の姿が見えました。

怖がったり、泣いたりしている様子はありません。

「お待たせしました、翔太くんをお連れしました」

「ありがとうございました！

どうして1人でどこかに行っちゃうの。心配させないで。

この子ったら全然怖がってないんだから。

お手数をおかけして申し訳ありませんでした」

「とんでもないです。

今日は人が多いので、混み合っているところでは、翔太くんと手をつなぎながらお歩きください」

「そうします。お手数をおかけしました」

Point 14

アクシデントでさえも楽しい思い出に変える

毎日多くのゲストを迎えるディズニーランドでは、子どもが迷子になってしまうことも想定しています。

しかし、楽しむために来園したゲストを、不安で寂しい思いにはさせたくありません。そこでディズニーランドでは、このエピソードのような「サービスリカバリー」を、あらゆる方法で実行しています。

「サービスリカバリー」とは、なにかのアクシデントで落ち込んでしまったゲストに、楽しい気持ちを取り戻してもらうための言動のこと。「サービスリカバリー」には、たとえばゲストがポップコーンを箱ごと落としてしまった場合、もうひとつ新しいものを提供する、といったオペレーションが決められています。

このエピソードでは、キャストが一丸となって迷子を見つけ出すことで、「ゲストに楽しい思い出をもって帰ってもらう」ということを徹底しているのです。

Word 15

どうかなさいましたか？

秋晴れの美しい、ある日のことでした。

開園して30分ほど過ぎたころ、クリスタルパレス・レストランの前のベンチでうずくまっている男性ゲストとそのご家族を見つけました。

「どうかなさいましたか？」

「いえ、ちょっと気分が悪くなってしまって……。
ここで休んでるんです」

「大丈夫ですか？
バックステージに診療所がありますので、そちらで先生に診てもらいましょう。
ご案内します」

「いえ、少し休んでいれば大丈夫だと思います。
これからレストランで食事ですので、そこでゆっくりしてみます」

ゲストは50代後半。

連休を利用し、親子3世代でディズニーランドに遊びに来たそうです。

パークに入ったとたんに気分が悪くなり、休んでいたところに、ちょうど私が通りがかったのです。


かわいいお孫さんに心配をかけまいと、無理をしているのでしょう。言葉とは裏腹に、とても大丈夫そうな顔色ではありませんでした。


ゲストになにかあってはいけない。

私は諦めずに、受診することをすすめました。


「ディズニーランドには、毎日何万人もの方がお越しになります。

なかには、無理がたたって、ご気分が悪くなる方もいらっしゃいます。

また、急なご病気にかかられる方もいらっしゃいます。

大事に至ってはいけませんので、念のために診てもらってください。
ご家族も、そのほうが安心できるのではないでしょうか」

私の粘り腰に、やっとゲストは、
「じゃあ、お願いします」と折れてくれました。
私は急いで診療所まで案内しました。

診察を終え、精密検査のために病院に搬送してもらったところ、病状は初期の心筋梗塞。すぐに入院しなければならない状態だったそうです。

あれから3カ月。
ゲストは、入院生活とリハビリ期間を経て、以前と同じような生活ができるようになりました。

あの日と同じように、お孫さんを連れてディズニーランドに遊びに来てくださったそうです。
私のもとに届けられた手紙には、こう書いていました。
「君がいなかったら、どうなっていたか。
こうして家族で楽しめる時間は、君からの贈り物です。
本当にありがとう」

Point 15

感性が気づかいのレベルを高める

気づかいのレベルを高めることができる人は、感性を大切にしています。

仕事に携わる時間や職位はさほど影響しないのです。

周囲を見渡し、「どうにかしてゲストを幸せにしたい」「困っているゲストを助けたい」とアンテナを張っていられるかどうかが重要になります。

感性とは、「問題意識」のことです。それを研ぎ澄ましていれば、お客さまの異変に気づくことができます。

小さな違和感でも、ほったらかしにしない「問題意識」が身についてさえいれば、自然と気づかいのレベルが上がり、臨機応変に対応することが可能になるのです。

Word 16

ご心配いりません。一緒にお楽しみいただけます

高校最後の春休み。

私たちは、卒業の記念にディズニーランドに遊びに来ていました。

朝一番でスプラッシュ・マウンテンのファストパス・チケットを取ったのに、先に取った2人とほかの4人の利用時間が違ったのです。

「すみません、さっき取ったファストパスのチケット、私と友だちとで時間が違うんですけど……」

私はドキドキしながら、発券機のそばにいた女性のキャストさんに聞いてみました。

「わかりづらくて申し訳ございません。ファストパス発券機は、ある程度の枚数を発券すると、利用人数調整のため、自動的に少し時間がずれるように設定されているんですよ」

それを聞いた私はびっくり。

せっかくみんなで来たのに、分かれて乗らないといけないのかと思ったんです。

「私たち、一緒に入れないんですか？」

「ご心配いりません。一緒にお楽しみいただけます。

通常は60分間、チケットを利用できる時間がありますが、今回は5分ずれているので、55分間の間にこちらに来ていただければ大丈夫です。

このチケットであれば、13時45分から14時40分の間ですね」

「よかった、ありがとうございます！」

長野に住む私たちがディズニーランドに来たのは、中学の遠足以来2回目のこと。乗りたいアトラクションを決めていたので、それらをすべて回って帰る計画を立てていました。

「私たち、今日はできるだけたくさんアトラクションに乗って帰りたいんです。今のうちに、ほかのアトラクションのファストパス・チケットを取れないんですか？」

「申し訳ありません。おもちのファストパス・チケットの利用時間が過ぎるまで、発券できないんです」

「じゃあ、このチケットに書いてある時間帯の、一番早いあたりで利用しちゃえば、次のチケットを取りに行けるっていうことですか？」

「それもできないのです。申し訳ございません」

その瞬間、「なんで？」という気持ちが私の顔に出ていたんだと思います。

キャストさんは、続けてゆっくり説明してくれました。

「ファストパスは、遠くからお越しになる方や、頻繁にお越しになれない方、あるいは、あまり時間の余裕がない方のためのシステムです。

お客さまに公平に利用していただくために、こうしたルールがあるんです」

私たちと同じように、なかなか遊びに来ることができない人はたくさんいるはず。

ほんの少しがっかりしましたが、「アトラクションに乗らなくても十分楽しめる」と思い直し、キャストさんにお礼を言いました。

「わかりました。どうもありがとうございます！」

「いいえ、どういたしまして。このあとも楽しんでくださいませ」

Point 16

ディズニーフィロソフィーがキャストを育てる

「飲食店で作業中のスタッフに質問すると、面倒くさそうにされることが多いのですが、ディズニーランドのスタッフは、なぜ忙しいときにも丁寧に耳を傾けてくださるのでしょうか？」

「ディズニーランドはほとんどが若いアルバイトですが、どんな質問をしてもしっかりと答えられるのはどうしてですか？」

これらの質問の答えは、ディズニーフィロソフィーにあります。

ディズニーランドは、オープン以来ずっとウォルトが描いた理想を忠実に実現すると同時に、ディズニーランドを愛するキャストを増やしてきました。

ディズニーフィロソフィーが浸透すると、「ディズニーのルールについて熟知する」「自分たちの目標をはっきりと描く」「ゲストの状況を見極め、丁寧に対応する」といったスキルは、自然とキャストの身についていくのです。

Word 17

面倒なことなどありません

「こんにちは！　走ると危険ですから、ゆっくりお進みください」

朝の開園時間になると、できるだけ多くのアトラクションに乗ろうと、ゲストが足早に歩いていきます。

そんななか、私は水飲み場の横でしゃがんでいる親子を見つけました。

「どうかされましたか？」

「子どもが転んで、足にけがをしてしまっただけです。大丈夫ですよ」

お子さんの膝からは血が出ています。

「けがをされてしまったんですね。
バックステージには診療所があります。そちらで診てもらいましょう」

「ありがとうございます。
でもたいしたけがではないですし、そこまでしなくても……」

パーク内でけがをした子は、遊びたい一心で、痛みを我慢してしまうものです。なかには、傷口から細菌が入って、家に帰ってから病院に行くゲストもいらっしゃったと聞いたことがあります。

ゲストに笑顔で帰ってほしいと思い、私は診療をすすめました。

「万が一バイ菌が入ると大変です。念のため診てもらいませんか？今日はまだ開園したばかりで、このあとも時間がたっぷりあります。お2人に楽しく遊んでいただくためにも、ちゃんと手当をしておきましょう」

最初は断っていたお母さんも、どうにか聞き入れてくれました。

「そこまで言っていただけるなら……。診てもらおうかしら。面倒をおかけします」

「面倒なことなどありません。

それより、お子さまが痛い思いをされていると思います。

せっかくディズニーランドにお越しになったのに、足が痛いまま遊ばれても、思い

出がいいものになりません。

楽しく遊んだ思い出をもって帰っていただきたいと思います」

診療所に向かっている間、お母さんは、恐縮した様子でこう言いました。

「ありがとうございます。

お仕事の途中にもかかわらず、わざわざすみません」

「いえ、これも私たちの大切な仕事です。

ゲストがお困りになっているのに、それを放置するようなキャストは、ディズニーランドにはいません。気になさらないでください」

私の言葉に、ずっと沈んだ表情だったお母さんが笑顔になりました。

「ありがとう。あなたが声をかけてくれて助かったわ」

「おそれいります。

今日は心ゆくまで楽しんでくださいませ」

Point 17

最優先するのはゲストの安全

ディズニーランドの運営で一番大事にされているのは、パーク内の安全な状態が保たれていることです。

たとえ最新鋭のアトラクションをそろえていても、いつ危険な状況にさらされるかわからないような場所では、安心して遊ぶことはできません。

ディズニーの行動基準である「ＳＣＳＥ」は、「Safety：安全」「Courtesy：礼儀正しさ」「Show：ショー」「Efficiency：効率」ですが、これも安全を第一に考えた優先順位になっています。

けがや事故の危険がまったくない場所などありません。ディズニーランドでは、万が一のアクシデントが起きた場合でも、速やかに対処できる「緊急事態措置」システムが用意されるなど、安全が保たれているのです。

Chapter 4

心に入り込む
あいさつの言葉

Word 18

新しい風船をもらいに行こうね！

「こんにちは！　どうされましたか？

お嬢さまはどうして泣いているんですか？」

キャストの方が心配そうに声をかけてくれました。

30分ほど前に買った風船が飛ばされてしまい、娘が泣きじゃくっていたのです。

風船を買い直せば泣き止むだろうと思った私は、彼にこう伝えました。

「この子が、もっていた風船を飛ばしてしまっただけです。

大丈夫よ。また買ってあげるから、もう泣くのはやめなさい」

「やはりそうでしたか。遠くからでしたが、飛んでいくのが見えました。

今日みたいに混んでいる日は、よく風船が飛んでいってしまうんです。

ピークシーズンになると、まるでイベントでも開催しているように、パーク全体から空に舞い上がっていく風船が見えるんですよ。

さあ、新しいものをもらいに行きましょう」

その言葉に、私はびっくりしてキャストの顔を見つめました。

「えっ！　いいんですか？」

「もちろんです。お嬢さまのお名前はなんとおっしゃいますか？」

「まどかです」

「まどかちゃん、新しい風船をもらいに行こうね！」

彼の優しい声に安心したのか、娘はいつの間にか泣き止んでいました。

風船を買ったワールドバザールまで、キャストと手をつないで歩いていきます。


「さあ、どちらの風船にしましょうか？」

「この子、ミッキーマウスが好きなんです」

「じゃ、これはどうかな？」

娘が、とびきりの笑顔で答えます。

「これにする！　お兄ちゃん、ありがとう」

風船が飛ばされたのは、私たちの不注意です。それでも嫌な顔ひとつせずに対応してくれたスタッフの方の好意に、私は温かい気持ちになりました。

「ありがとうございます。

でも、風船が飛ばされるたびに対応していたら、大変でしょう」

「いえ、大変なことなどありません。

これがディズニーランドで決められているサービスのルールですから」

「そうなんですか。なんだかディズニーランドらしいサービスですね」

私がそう言うと、キャストは少し残念そうに答えました。

「でも、飛ばされてしまった風船すべてを確認することはできないんです。対応できないお客さまには、申し訳なく思っています」

まだ若いのに、どうしてこんなに誠実な対応ができるのか、不思議に思いました。

「お兄さんは正社員？」

「いいえ、アルバイトです」

「ディズニーランドのアルバイトの人って、ほかの遊園地にいる正社員以上の対応ができるんですね」

「ありがとうございます。

まだまだ完璧なサービスではありませんし、ミスも多いんですよ」


「いいえ、ここまでしてくれるところは、ほかにないわ。

丁寧な対応がうれしくて、またディズニーランドに来たくなっちゃうのよね」

「じつは私も、ディズニーランドのサービスが好きでリピーターになり、キャストになることを決めたんです」


私たちと同じで、働いているキャストの方もディズニーのファンだったのです。

話を聞いて、一生懸命に対応してくれる訳がわかりました。

「ありがとうございました。また楽しんできます」

「行ってらっしゃいませ」

Point 18

キャスト自身もディズニーのサービスに魅了されている

ディズニーランドには、ディズニーフィロソフィーという、サービスの運営ルールがあります。

サービスの現場にいるキャストが、徹底してディズニーフィロソフィーを守れるのには理由があります。

それは、キャストの多くが、ディズニーランドで感動する経験をしたり、楽しい思い出をつくってきたということです。

キャストにしてもらった温かいサービスや、明るい笑顔、細やかな気づかいを、今度は自分がゲストにしてあげたい。そうした「サービスの好循環」が、サービスのクオリティとキャストのモチベーションを上げることにつながっているのです。

Word 19

長い時間待たせてごめんね

ゴールデンウイークのある日、家族でディズニーランドに遊びに来ました。

この日のアトラクションは、どこも満員。

180分以上待たなければいけないものを避け、比較的列が短かかったダンボに乗ろうと、並んでいたときのことです。

「お待たせしました。僕、長い時間待たせてごめんね」

若い男性キャストが、息子に話しかけてくれました。

「まだそんなに待ってないよ」

と、大人びた口調で返事をする息子。

キャストは、笑顔のまま答えてくれます。

「気をつかってくれてありがとう。そんな風に言ってくれて」

「だって、ほかのところだったら、待っててもなんにも言わないよ。

『お待たせしました』なんてはじめて言われたもん」

「すごいね。ちゃんと覚えてるんだ」

「僕、そういう人たち嫌いなんだ」

「お兄さんも嫌われないように、きちんとしなきゃダメだね」

「ディズニーランドのお兄さんは、そんなことないよ」

私は、息子の生意気な口調にハラハラしっぱなし。

ところが男性キャストは、むっとするどころか、お礼まで言ってくれたのです。

「どうもありがとう」

「ご丁寧にありがとうございます。

うちの子、生意気で……なんだかすみません」

「とんでもないことです。

お子さんは思ったことをそのまま口にするものです。褒めてもらえて光栄です。僕も小さいときに、キャストが話しかけてくれたのがうれしくて、たくさんおしゃべりしていました」

「うちの子も、自分が一人前に扱われたのがうれしかったのね」

「お子さんって、大人が思っているよりもまわりを見ているので、たまにドキッとすることも口にするんですよね」

子どもが相手でも、大人と変わらない対応をしてくれるキャスト。うれしそうな息子を見て、私まで笑顔になってしまいました。

彼はこう続けました。

「パークで迷子のお子さんを見つけたときには、片膝を折って、もう一方の膝を地面につけて会話をするんです。

それは、お子さんと目線を合わせることを第一に考えているからなんです。

お子さんが理解できる言葉しか使わないというルールも決まってるんですよ」

「さっき、『長い時間待たせてごめんね』と言ったのは、そういうことだったの。『長い時間お待たせして申し訳ございません』じゃ違和感があるものね」

「もちろん、失礼にあたる言葉づかいはNGですが、相手に合った話し方を考えているんですよ」

「ありがとう。また来ますね」

「ありがとうございます。楽しんできてください。行ってらっしゃい！」

Point 19

徹底してゲストの気持ちを理解する

ディズニーランドでは、「ゲストの立場に立つ」というフィロソフィーのもと、「ゲストに寄り添う行動」をすることが徹底されています。

30年ほど前の日本では、老若男女、誰に対しても画一的なサービスをおこなうことが常識でした。そのため東京ディズニーランドでは、日本のスタッフの意識を変えるために「交流分析」を研修に取り入れたのです。


「交流分析」とは、1人ひとりの性格や考え方を理解するために、人間の心を構成する要素を分析したものです。お客さまの要望に合わせ、レベルの高いサービスが求められる航空機の客室乗務員向けの研修でも使われていたものでした。

ゲストがなにを感じて、なにをしてほしいのか。自分の行動が、ゲストの目にどう映るのか。「ゲストの立場に立った」視点は、こうして少しずつ定着していったのです。

Word 20

こんにちは！
お久しぶりです

「こんにちは！　お久しぶりです、佐々木さま」

ガイドツアーカウンターで受付をしていると、後ろから聞き覚えのある声が聞こえてきました。

振り返ると、キャストの三宅さんが、以前と変わらない笑顔で立っています。

私たちが三宅さんにガイドツアーをお願いしたのは、娘夫婦と孫2人を連れて、はじめてディズニーランドを訪れた2年前のこと。

孫たちも一緒に乗れるアトラクションを選んでくれたり、隠れミッキーのクイズを出してくれたりと、私たちを楽しませるために一生懸命になってくれました。

「皆さまにとってはじめてのディズニーランドをご一緒できて、うれしかったです」

別れ際、三宅さんがかけてくれたその言葉が忘れられませんでした。

「三宅さんに、また案内をお願いしたい」

そんな気持ちから、この日もガイドツアーを申し込んだのです。
「こんにちは。お元気そうでなによりです。
あなたがまだいらっしゃるかわからなかったけど、聞いてみてよかった！
今日もよろしくお願いしますね」
私の言葉に、彼女は笑顔で答えてくれました。
「こちらこそよろしくお願いいたします！
前回は佐々木さまにお気づかいいただき、楽しくガイドをさせていただきました」
「あのときは、いろいろと無理なことをお願いしてしまってごめんなさい。
おかげで家族全員、大満足で帰れました。
こちらには、まだずっといらっしゃるんですか？」
「じつは、今年いっぱいの予定なんです。来年からは就職活動がはじまりますので」

「そうだったの。よかった、いらっしゃるうちにまたお願いできて」

「こちらこそうれしいです。2年ぶりですね。

上のお嬢さまは今年小学4年生、下のお嬢さまは小学校に入られましたよね」

なんと彼女は、孫の学年まで覚えていてくれたのです。

うれしくて、思わず声を上げてしまいました。


「すごい！　よく覚えてくださっているのね。

ほかのガイドさんだったら、きっとそんなこと忘れているわ」

「いえ、そんなことはありません。

ガイドはみんな、一度でもお会いしたゲストのことは忘れないんですよ。

本当は私、もの覚えがよくないんです。

ですから、食事のお好みやアトラクションの感想など、ゲストの皆さんの新しい情報は、すぐにメモしておくようにしています。

それに佐々木さまは、私に家族の一員のように接してくださったので、今でもとくに記憶に残っているんです」

この2年間、たくさんのゲストがガイドツアーを利用したはず。

私たちのことを大切に思ってくれていたことが伝わり、胸がいっぱいになりました。

「そういえば、上のお嬢さんは、スピードのあるスプラッシュ・マウンテンはあまりお好きではありませんでしたね。

今回はコースに入れても大丈夫でしょうか？」

「そんなことまで覚えてたの？　ありがとう。

今は、どんなアトラクションでも平気になったみたい。

下の子は、2年前は身長が足りなくて乗れないものもあったけど、もう大丈夫よね」

「ええ、どのアトラクションでもお楽しみいただけますよ。

おやつは、前回お召し上がりいただいたチュロスとトルティーヤ以外で、おすすめをご案内しますね」

「ありがとう。楽しみだわ」

Point 20

ゲストへの真摯な姿勢が言葉に力を与える

ディズニーランドのマニュアルの存在は有名ですが、そこに書かれている内容は、70〜80％程度。残りの20〜30％のサービスは、キャストがその場で試行錯誤して、自ら考え出します。このしくみがディズニーランドのサービスレベルを上げ、多くのゲストの感動を呼んでいるのです。

人に感動を与えるサービスは、マニュアルを暗記するだけではおこなえません。ディズニーランドがキャストに求めているサービスの基本に「コーテシー」、つまり「礼儀正しさ」があります。礼儀正しく何事にも真摯に向き合う人は、ゲストが幸せを感じるために必要なことを理解できる、と考えられているのです。

徹底してゲストの立場に立ち、「相手に寄り添った行動」を考え続けること。ゲストが期待する以上の対応は、キャストのこうした姿勢から生まれているのです。

Word 21

おそれいります。前を失礼します

会社の同僚と2人で、ディズニーランドに遊びに来たときのことです。同僚がトイレに行っている間にふと横を見ると、カストーディアルキャストがゴミ袋を取り替えています。

あまりに手際よく作業しているのを見て、私はつい質問をしてしまいました。

「ちょっと変なことをお聞きします。ゴミ箱のなかのビニール袋を二重にするのって、ここのルールなんですか？」

作業をさえぎってしまったのに、彼女は満面の笑みで返事をしてくれました。

「はい、そうです。1枚では破れたときになかのゴミや液体が出てしまうので、二重にしているんです。もしかして、お掃除にご興味がおありなんですか？」

「じつは私も、ビルの清掃の仕事をしているんです。ディズニーランドのキャストでは、掃除部門が一番人気って聞いたんだけど、それが不思議で。どうしてなんですか？」

普通の会社では、掃除をすすんでやりたい人なんて、ほとんどいません。カストーディアルキャストがいつも笑顔で掃除ができる秘訣を知りたかったんです。

「私も、カストーディアルキャストになりたかった1人なんです」

「どうしてそう思ったの？」

「私はもともと、人と話すことが苦手でした。

でも、ディズニーランドで働くという夢を、どうしても叶えたかったんです。それで、ほかに比べてゲストと話す回数が少なそうな、お掃除の仕事を選びました」

「でも、私みたいに話しかけてくるお客さんって、いっぱいいるんじゃない？」

「そうなんです。はじめは、たくさんのゲストに話しかけられて驚きました。

でもゲストに感謝されるのがうれしくて夢中で働いていたら、会話に自信がもてるようになったんですよ」

「ゲストからの、感謝？」

私は、掃除をしていて感謝されたことなんてありません。

「パーク内がきれいだと、ゲストが喜んでくださるんですよ。ときには、感謝や励ましの言葉をかけてくださったり、応援してくださったりすることもあるんです」

「そういえば、ディズニーランドのオープン当初、パークがきれいだって話題になったわ。すみずみまで清潔だから、子ども連れでも安心して遊べるもの。いつもきれいにしてくれて、どうもありがとう」

「おそれいります。こちらこそありがとうございます」

数時間後、たまたま同じキャストが目の前を通りがかりました。

パレード前で混み合っている人の隙間を縫うように、笑顔で頭を下げながら、

「おそれいります。前を失礼します」

と進んでいくのが見えました。


さっきと同じ、やわらかい物腰で、ひたむきに作業をするキャスト。


私もあのくらい一生懸命働いたら、誰かに感謝してもらえるかも。

そう思わされるような光景でした。

Point 21

正しい言葉づかいが行動を変える

東京ディズニーランドでは、オープン当初から、「おそれいります」という言葉がサービスの基本語として使われています。

シンプルでありながら、相手に対する敬意がしっかり伝わるこの言葉は、ディズニーランド以外のサービス業態の店でも定着していきました。

正しい言葉づかいが身につくと、キャストの行動も自然と気づかいのあるものに変化していきます。若いアルバイトスタッフが礼儀正しい行動をする背景には、こうした言葉のルールがあったのです。

清潔に保たれ、スタッフのサービスが丁寧で、アトラクションがおもしろい場所。

いつ来ても特別な空間であり続けるディズニーランドでは、ゲストたちも自然ときちんとしたふるまいになるんですね。

「礼儀正しさ」「気づかい」の大切さを教わったできごとでした。

Column ディズニーファンの方からのお手紙2

ある夏の日、ディズニーランドでアトラクションの列に並んでいたときのことです。

列の前のほうで、10名くらいの修学旅行生がふざけ合っていました。
並んでいたのは、2時間ほどだったと思います。
いくら人数が多くても、彼らがまわりの人にぶつかったり、列を乱すようなことはありませんでした。

また、私たちの2組前にいたカップルは、落としてしまったポップコーンをすべて2人で拾い集めてカップに入れ、乗り場の前のゴミ箱に捨てるまで、辛抱強く手にもっていたのです。

Chapter 5

相手から信頼してもらう言葉

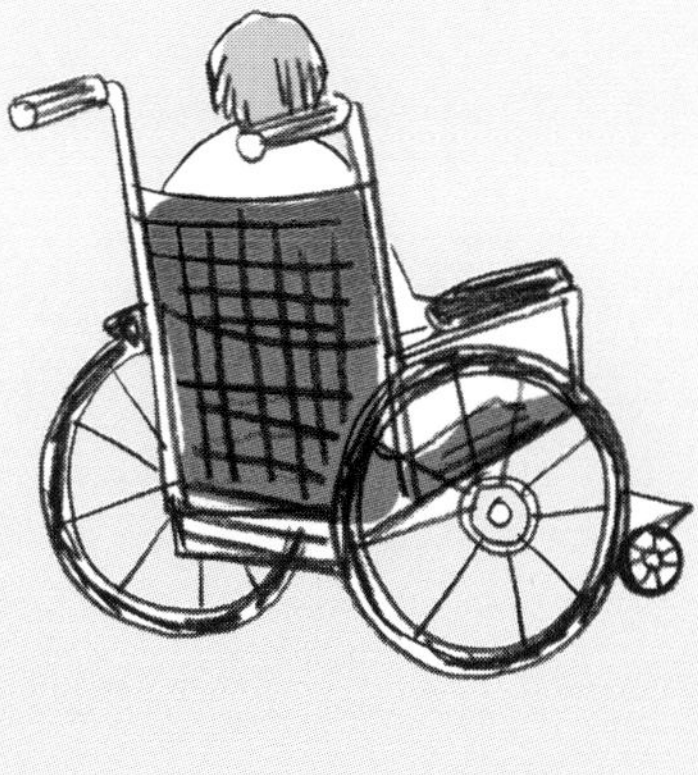

Word 22

最終の新幹線のお時間ですね。少々お待ちくださいませ

「すみません。東北新幹線の最終の時間って、わかりますか？」

「東京駅からの最終の新幹線のお時間ですね。少々お待ちくださいませ。どちらまでいらっしゃるのですか？」


「仙台です」

「わかりました」


その日私たちは、夕方の新幹線で仙台に帰る予定でしたが、あまりに楽しくて「もう少し、もう少し」と帰りの時間を先延ばしにしてしまったのです。

結局、最終の便で帰ることを決め、近くにいたキャストに時間を聞いたのでした。


「こんなことまで調べてくれるんだ。すごいね」

「さすがディズニーだね。ほかの遊園地ではこんなこと聞けないね」

待っている間、私たちはこんなことを話していました。

きっとほかでは、同じことを聞いても迷惑そうにされるだけだったと思います。

5分ほどすると、キャストが早足で戻ってきました。

「お待たせして申し訳ありませんでした。仙台までの今日の最終便は、21時45分です」

「ありがとうございました。お手数をおかけしてすみません」

「あっ、もうひとつだけ。

舞浜駅から東京駅までのお時間は、スムーズにいけば20分くらいですが、東京駅に着いてから新幹線のホームまで距離があります。

念のため、35分くらい余裕を見ておいたほうがいいかもしれません」

そう言われて、朝、乗り換えに時間がかかったことを思い出しました。

「そうね。東京駅で結構歩くから、ある程度時間を見ておいたほうが安心できるかも。

親切にありがとう」

「残りのお時間も、楽しんでください。行ってらっしゃいませ！」

Point 22

ブランドを支えるのは「ゲストの立場に立つ」サービス

お客さまに言われたことに応じているだけでは、本当の満足は生まれません。ディズニーランドのサービスが有名になったのは、「ゲストの立場に立ったサービス」を、要求される前におこなうことを徹底したからです。

このエピソードでは、お客さまの「遅くまでめいっぱい遊んで帰りたい」という気持ちを理解し、遊ぶ時間をできるだけ確保しながら、帰りの新幹線に乗り遅れないようにする、というキャストの配慮がありました。

質問に答えるだけでなく、遠くの自宅まで帰らなければならないゲストの身になって想像力を働かせ、東京駅での所要時間という不安要素をもなくしているのです。

ディズニーランドが、最高のサービスを提供する場所として支持されているのは、ゲストの安心感が信頼につながっているからです。これが、エンターテイメント業界のナンバーワンブランドを支え続けているのです。

Word 23

お戻しいただきまして、ありがとうございます

「お戻しいただきまして、ありがとうございます」

車いすをレンタル窓口に返しにいくと、そう声をかけられました。

借りていたものを返しただけなのに、ありがとうと言われるなんて、思ってもみませんでした。


「こちらでお預かりいたします。

本日、なにか不自由なことはありませんでしたか？」

「ありませんでしたよ。助かりました」

「それはよかったです！」


若いキャストの方の気持ちのいい対応にうれしくなって、私は車いすの母の話をしました。

「小さいとき、母はよく、私たちを遊園地に連れて行ってくれました。

でも、10年前に膝を手術してから、外出を嫌がるようになったんです。ディズニーランドだったら車いすが借りられるし、広いお手洗いの個室もあるので、今日は母を説得して連れてきました」

「そうでしたか。皆さままでお越しいただけてうれしいです。じつは、私の母も長時間歩けないので、車いすを使っているんです」

「そうなんですか？」

「車いすで電車に乗るのは面倒ですし、かといって車いすを乗せられる大型の車を用意するのも大変ですよね。外出先で借りることができればいいのに、と思うこともたくさんありました」

普段、私や家族が感じていることを、キャストの方も感じていたのです。

キャストの方はこう続けます。

「私の母もテーマパークが大好きなんですが、『行くと迷惑かけちゃうから、行きたくない』って、よく口にしています」

「やっぱり同じなんですね。
じつは今日、ちょっとだけ母が自分で歩いたんです。
ディズニーランドで楽しい気持ちになれたおかげかも。来てよかったです！」

「そう言っていただけると、こちらもうれしいです！　ありがとうございます」

キャストの方が一段と笑顔になったので、私までうれしくなってしまいました。

「おもしろそうなアトラクションだけでは、また行きたいって思えないんです。
やっぱり、スタッフの方々の対応が大事なんですね。
『お戻しいただき、ありがとうございます』なんて言われたのは、はじめてですよ。
今日は母も喜んでいました。ありがとうございました」

「こちらこそありがとうございます。
これからますますゲストの方にご満足いただけるよう、一生懸命サービスをしていきます」

「また母と来ますね！　本当にありがとう」

Point 23

心の込もった言葉で心地よい余韻を残す

ウォルトは、ゲストを感動させるための2大要素を、「完璧につくられた場所」と、「人と人との、徹底したコミュニケーション」としました。

それは、わざわざ何百マイルも遠くから車を飛ばして来てくれたり、忙しい時間を割いて来園してくれるゲストに対して、「楽しい思い出をいつまでも覚えていてもらう」ことが重要だと考えていたからです。

一般的なあいさつ用語だけを口にしたり、ルールにのっとった援助をするだけでは、真のコミュニケーションにはなりません。

相手の立場に立った、心の込もったコミュニケーションができてはじめて、ゲストに「楽しい思い出」として覚えていてもらうことができるのです。

Word 24

ようこそ
おいでくださいました

楽しみにしていたパレードが、あと30分でスタートする時間です。

まわりは、場所取りをする人でごった返しています。

車いすでうまく前に進めずにいると、1人のキャストが近づいてきました。


「こんにちは！

こちらの場所では、車いすからパレードが見えづらいと思います。

よろしければ、別の場所にご案内いたします」


「えっ。いいんですか？」

「せっかくお越しになったんですから、ご満足いくまでパレードをご覧ください」

うれしい申し出に、私は甘えることにしました。


「ありがとうございます。

ディズニーランドにはずっと前から来たかったんですが、このとおり歩ける状態ではないので、なかなか叶いませんでした。

今日は、お医者さまの許可を取って、やっと来れたんです」

「そうでしたか。ようこそおいでくださいました。

どうぞゆっくり楽しんでくださいね」

「ありがとうございます」

こんな会話をしながら、私たちは車いす用のスペースに移動しました。

「この場所でしたら、安心してご覧いただけると思います。いかがでしょう？」

「見やすいわ。ありがとうございます」

「パレードが始まる前に、皆さんおそろいの写真をお撮りしましょうか？

ここからなら、キャッスルも入りますよ」

「すみません。お願いします」

記念写真を撮ってからも、彼女は気を利かせていろいろ話しかけてくれました。

「お食事や、休憩がしやすい場所はご存じでしょうか？」

「先ほど、入り口の案内のところでお聞きしました」

「それでは、もしおわかりにならないことやお困りのことがございましたら、遠慮なさらずにおっしゃってください」

「こんなに親切にしてくださって、ありがとうございました」

とお礼をすると、こんなことを話してくれました。

「じつは私にも、生まれつき体が自由に動かない兄がいるんです。

お越しいただく大変さは身にしみています。

ご来園、本当にありがとうございます」

「そうだったの。だから細かい気づかいがおできになるのね」

「私も、はじめて家族でディズニーランドに来たとき、キャストにいろいろ対応してもらったことに感動したんです。

キャストになったのは、その思い出があったからなんです。

私と同じようなキャストは、ほかにも何人かいるんですよ」

「大変な気持ちをわかってくださるから、細やかな対応ができるんでしょうね。本当にありがとうございました。

お名前をお聞かせいただけますか？」

「お伝えできるのは、ネームタグに書いてあることだけなんです」

「そうなんですか？　本当にサービスが徹底しているわね」

「『お客さまを幸福にする場所』をつくることが、私たちの仕事なので、お客さまに合わせたサービスをするのは当たり前のことです。

ぜひ、またお越しくださいませ。お待ちしております！」

「来てよかったわ。ありがとうございました」

Point 24

苦しい経験や体験への理解が気づかいに結びつく

自己満足や、自分の売り込みのために接客をする人には、ゲストが感動するサービスなどおこなえません。

そういう人の行動は、「真の気づかい」ではなく、「気づかっている風」のふるまいにしかならず、当然「ゲストの立場に立つ」というディズニーフィロソフィーとはかけ離れてしまいます。

ディズニーランドで、ゲストに対する心からの気づかいが徹底されているのは、キャストの多くが、スポーツや勉強などで苦しさに耐え、前向きに進んできたことが大きく影響しています。

不条理なことや悲しいことを乗り越えた経験は、人の苦しみへの理解や、思いやりの気持ちを育むのです。

Word 25

またディズニーランドにお越しください。お待ちしています

「もしもし、香織さまはご在宅でしょうか？」

見慣れない番号から、母のいる自宅に電話がかかってきました。

「娘はまだ学校にいる時間ですが……」

「こちらは、東京ディズニーランドの遺失物を担当している者です。
お嬢さまが落とされたお財布が見つかったので、お電話しました」

昨日、ディズニーランドに遊びに行った私は、財布を落としてしまったのです。
帰宅後、母から電話がかかってきたことを聞き、すぐにかけ直しました。

「東京ディズニーランド遺失物センターでしょうか？
先ほど自宅にお電話をいただいた、清水香織です」

「香織さまですね、ご連絡ありがとうございます。

お財布は、パーク内の女子トイレに置き忘れていらっしゃったようです。

昨夜、清掃をしていたキャストが見つけました。

申し訳ありませんが、確認のためにお財布のなかを見させていただき、香織さまの学生証が入っていましたので、ご連絡を差し上げました。

入っていたお金の額は、1万4000円でしたが、お間違いありませんか？」

「間違いありません。ありがとうございます！」

昨日は、お財布を落としたとわかった瞬間から帰るまで、パーク内をさんざん捜し回っていました。

もう出てこないだろう、と諦めて落ち込んでいたときの電話だったので、本当にうれしくなりました。

「それでは、ご返送させていただきます。

学生証に書かれているご住所にお送りしてよろしいでしょうか？」

「はい、それでお願いします」

「現金はお財布と別に、現金書留でお送りさせていただきます。お財布が先に届きましても、お金は入っておりませんのでご了承ください」

「一緒にお送りいただいても大丈夫ですが？」

「いえ、万が一のことがあると困りますので、別便でお届けいたします。2～3日中には届くと思います」

「ありがとうございます。よろしくお願いします！」


3日後、無事にお財布が戻ってきました。

包みを開けると、お財布のほかに1通の封筒。

ドナルドダックの便せんに書かれた、

「見つかってよかったですね。

またディズニーランドにお越しください。お待ちしています」

というメッセージが添えられていたんです。

顔もわからない方からのお手紙でしたが、手書きの文字ひとつひとつに、優しさがあふれているのがわかります。

小さなサプライズに、私は胸がいっぱいになりました。

Point 25

心を癒す言葉が信頼につながる

ゲストは、名古屋に住む大学生。休日に友人とディズニーランドに遊びに行ったとき、財布を置き忘れてしまったそうです。

財布をなくしたことにショックを受けていたゲストですが、すぐに発見されて戻ってきたこと、そしてキャストから思いの込もった手紙が同封されていたことに、感動したそうです。

キャストの丁寧でスピーディーな問題解決と、ショックを受けたゲストの心を癒すような気づかいが、ゲストの信頼感を高めたエピソードのひとつです。

Word 26

なにかお気づきでしたら、
それがもしお叱りの
お言葉でも
おっしゃってください

入社2年目の冬のことです。

この日、仕事が早めに終わった私と同期の友だちは、アフター6パスポートでディズニーランドにやって来ました。


一緒に来ていた友だちが、こそっと耳打ちをしてきました。

「ねえねえ、あの噂のこと、聞いてみない？」

噂というのは、ディズニーランドに来る有名人にまつわるもの。

政治家や芸能人は、列に並ばずにアトラクションに乗れると聞いたのです。

「確かに気になるよね。聞いてみよっか」


近くにユニフォームを着た人がいたので、呼び止めて聞いてみることにしました。

「すみません、変なことを聞きますけど、ディズニーランドに来た政治家とか芸能人って、一般の人と同じ列に並ぶんですか？」

「はい、そうですよ。

ディズニーランドには『すべてのゲストがＶＩＰ』という考え方があります。ですから、お客さまがどんな方でも、同じように接しているんですよ」

「そうなんですか？　それが超大物でも？」

その人は、にっこりと笑いながらこう言いました。

「ディズニーランドではお客さまのことを、『ゲスト』と呼んでいます。一般的なビジネスの場ではお客さまを『カスタマー』と言いますよね。ディズニーランドがあえて『ゲスト』という言葉を選んでいるのは、顧客という感覚ではなく、自宅にお招きする大事なお客さまのように大切にしたいからなんですよ。それがもし超大物でも、私たちにとってはほかの方と同じ『ゲスト』なんです」

説明が終わると同時に、横にいた同期が切り出します。

「芸能人が列に並ばすにアトラクションに乗ったっていう噂を聞いたんです！違うんですか？」

「ディズニーランドが、そのような対応をすることはありませんよ。
その噂は、スポンサー企業がご接待をしていたときのことかもしれませんね」
「やっぱり、特別待遇することはあるんですね……」

私たちががっかりしていると、きっぱりとした口調でこう話してくれました。


「いいえ、こちらで特別な待遇をするようなことはありません。

接待というのは、私たちディズニー側がおこなうのではなく、各国の政府関係機関や、スポンサー企業が主催しているもののことです。

通常よりも2～3時間、営業を延長して施設の見学をしていただくんですが、そうしたときでも、アトラクションの列に並んで利用していただきますよ。

それを除いて、ひとつだけ、例外があります」


「例外？」

「私たちが唯一、ゲストを特別待遇することがあるんです。

それは、緊急事態が発生したときです」

「緊急事態って……災害とか？」

「そうです。たとえば、地震が起きたときのことを想像してください。高齢の方や小さいお子さん、車いすでお越しになっているゲストなど、速やかに行動ができないゲストは、優先的に対応する必要があります。

一部の人を優遇することがあるとすれば、このようなときだけです。

世の中には、いわゆる地位の高い人や著名人のために、お店を貸切にするようなところもありますが、ディズニーランドでは一切ありません。

遊びに来ているすべてのゲストに、平等に開かれている場所だからです」

「謎がとけました。ありがとうございます！」

歩き出そうとすると、キャストは手を振りながらこう言いました。

「これからもなにかお気づきでしたら、それがもしお叱りのお言葉でも、おっしゃってください。行ってらっしゃい！」

Point 26

注目されているという刺激がサービスを磨く

ディズニーランドのサービスを観察しているゲストや企業はたくさんいます。中国や韓国、成長著しいＡＳＥＡＮ諸国のエンターテイメントやサービス業界の企業からは、開園当初から注目され続けています。

このことが、キャストによい意味で緊張感を与え、１人ひとりのサービスレベルを高めているのです。

開園当初、「マニュアルを大切にしたサービス」「ほとんどがアルバイトスタッフ」といったディズニーでのルールが公表されたとき、「ほかの遊園地と差別化できず、すぐに撤退するだろう」というマイナスの噂が流れていました。反対にそれが、キャストたちの決意に火をつけたのです。

開園後にキャストによるすぐれたサービスやオペレーションが注目されると、企業はこぞってディズニーのやり方を学ぶようになったのです。

Word 27

先ほどはご迷惑をおかけしました

ランチタイムのクイーン・オブ・ハートは、超満員です。
40分くらい待ったあと、キャストの方が近づいてきました。
「こんにちは！　5名さまでお間違いないでしょうか」
「はい」

「なかなかテーブルが空かず、お待たせして申し訳ありません。

今すぐにお座りいただけるお席は、4名さま用のテーブルに、お子さま用のいすをひとつ加えればご用意できるのですが、いかがですか？」

「そうします。私、お尻小さいから子ども用のいすに座るね」

「ご案内させていただきます。こちらへどうぞ」


子ども用のいすは確かに小さかったのですが、朝から遊んでクタクタだったのと、早くお昼を食べたかったので、気にせず座っていました。

食事をしていると、最初に案内してくれたキャストの方が、いすをもってきました。

「きゅうくつないすにお座りいただきまして、申し訳ありませんでした。いすが空きましたので、おもちいたしました」

「このいすのままで大丈夫ですよ」

「いえ、どうぞこちらをお使いくださいませ」

私たちが食事をしているときも、ウェイティングの列は長くなる一方です。そんな忙しいなか、わざわざいすをもってきてくれたことに、私は感動しました。

「ねえねえ、あのスタッフさん、アルバイトかな」

「たぶんそうだよ。ディズニーランドで働いている人のほとんどがバイトのスタッフだって先生が言ってたし」

私たちは、サービス業の専門学校に通っています。授業でディズニーランドのサービスについて教わることも多かったので、ついキャストの方の対応に注目してしまいました。

「私のバイト先だったら、あんなサービス誰もできないよ。忙しいときはお客さんが困ってても見て見ぬふりしちゃうし」

「見て！　こんなに忙しい時間帯なのに、ちっちゃい子どもにも話しかけてる。あれはうれしいよね。だからリピーターが多いのかな」

しばらく観察をしていましたが、私たちと年齢が変わらない若いキャストも、みんなサービスが徹底しています。

外に出ようとしたとき、また、同じキャストがやってきました。

「先ほどはご迷惑をおかけしました。

このあとも、お時間が許すまでお楽しみくださいませ！」

と言ってくれたのです。私たちもみんな、つられて笑顔になってしまいました。

「ごちそうさまでした。ありがとう！」

「あのキャスト、私たちが出るのを気にしてくれていて、わざわざあいさつしに来てくれたのかな？」

「本当にサービスが徹底してるね」

「待たされたのと、子ども用のいすに座らされたのは、人によってはクレームになるかもしれないけど、スタッフの人の対応がよかったから、全然嫌じゃなかったね」

「またみんなで来ようね」


私は、専門学校を卒業したら、ホテルかレストランで接客の仕事をしたいと思っています。

サービスとはなにか、どんな言葉づかいや対応をしたら喜んでもらえるのか。

ディズニーランドでは、授業で教わることができないような、生のサービスに出会えた気がしました。

Point 27

生きたサービスを学べる場

ディズニーランドは、言わずと知れたエンターテイメント施設ですが、ただ単に遊ぶだけのところではありません。

好業績を出し続けている企業の見本として、ほかの多くの企業から注目されるところでもあります。

それは、サービス業を志す若者たちにとっても同じです。

生きたサービスを肌で感じ、人をもてなすことの真髄や、誇りをもって働くことの大切さを学ぶ貴重な場となっているのです。

Word 28

わかりづらい説明書きで
申し訳ありません。
ご説明いたします

ある冬の日、夫婦でディズニーランドにやってきました。

前に訪れたのは、なんと20年前。

かつて２人で乗ったアトラクションを回ろうと、私たちは胸を弾ませていました。


日曜日ということで、スペース・マウンテンには１２０分待ちの列。

少ない待ち時間でアトラクションに乗れると聞いていた、ファストパス・チケットのことを思い出しました。


発券所で説明を読んでいると、若い男性キャストが話しかけてくれました。

「こんにちは！　お読みいただきありがとうございます。

ファストパスのことはおわかりいただけましたか？」


「すみません、はじめてでよくわからないのだけど」

「わかりづらい説明書きで申し訳ありません。ご説明いたします」

その言葉を聞いて、私はホッとしました。

久しぶりのディズニーランドには、新しいアトラクションやシステムがたくさん増えていて、うれしい反面、知らないことが多すぎたのです。

「これって、全部のアトラクションで使えるんですか？」

「ファストパス・チケットが利用できるアトラクションは決まっています。

そのアトラクションでも、決められた枚数が発行されれば終了しますし、パークがあまり混雑していないときは、発券をストップさせることもあります」

「スペース・マウンテンは、今チケットをとれますよね？」

「大丈夫です。発券が止まっているときは、発券機にカバーがかけられていますよ」

「どうもありがとう」

キャストに教えてもらったとおりに発券し、出てきたチケットを確認しました。

「夕方4時前後に来れば乗れるってことね。どこに並べばいいんですか？」

「チケットを、ファストパス・エントランスにおもちください。

一般のお客さまの隣のラインを進んでいただき、合流するところで、チケットをキャストに渡してください。

ほかにもなにかご質問があれば、いつでもどうぞ！」

キャストは、私の細かい質問に、すべて迷いなく答えてくれました。

見たところ、まだ学生のようです。


「あなたはアルバイトの方ですか？」

「そうです。繁忙期だけですが、年に3カ月ほど働いています」

「毎日いる訳じゃないのに、どうして細かいことまで答えられるんですか？」

「ここにいると、ファストパスのご質問をたくさん受けるんです。

ちゃんと覚えて、ゲストの皆さんになにを聞かれてもいいようにしているんですよ」

「一生懸命なのね。アルバイトじゃなくて社員みたい。

丁寧にありがとうございました」

「このあとも、楽しんでください。行ってらっしゃい！」

Point 28

マニュアルはゲストを幸せにするためにある

エンターテイメント施設とはいえ、ただそこにいるだけで、幸福感に浸れる場所などありません。お客さまを幸せにするための数多くのしかけを用意し、それを具現化させる必要があるのです。

そこでポイントとなるのは「例外的なこと」。数少ない例外的なことだから、サービスをおこなわないというのでは、ディズニーランドの「すべてのゲストがVIP」という運営理念に反します。つまり「例外的なことにも普通に対応できること」がキャストに求められているのです。

ただし、基本的なオペレーション内容が頭に入っていなければ、例外的な対応はできません。短期間に交代するアルバイトが、すべての仕事をゼロから考え出すのは難しいため、ひとつひとつの仕事が簡略化され、できるだけ実践しやすいように細分化されたマニュアルが存在しているのです。

【著者紹介】

小松田　勝（こまつだ・まさる）

◉――1951年生まれ。ホスピタリティの専門家。飲食業界でのオープニングマネージャー、チェーンスーパーバイザーなどを経て、83年1月に株式会社オリエンタルランドに入社。東京ディズニーランドのオープン時には、食堂部の教育担当として研修制度やマニュアルの作成に携わる。また、品質管理事務室長、人事部診療所スーパーバイザーを務めるなど、幅広い業務に従事してきた。ゲストとキャストの会話から繰り出される感動の場面を目の当たりにし、人の心を動かすサービスの本質について深く考えるようになる。

◉――87年に同社を退社。ディズニーランドで培った知識と経験を活かし、サービス業の人材育成や経営コンサルティングをおこなう。93年にマネジメント＆ネットワーク オフィスを設立。ディズニーランドのサービスや運営理念、人を育てる環境についての研究をもとに、海外企業やテーマパーク、ホテル、学校などのコンサルティングや教育を手がける。2009年からは、名古屋文理大学で非常勤講師として「ホスピタリティー論」の講座を担当している。

◉――おもな著書に『人の心に魔法をかける ディズニーランドの教え』（かんき出版）、『図解でわかる！ ディズニー　感動のサービス』（中経出版）などがある。

あなたに幸《しあわ》せの魔法《まほう》をかける ディズニーランドの言葉《ことば》〈検印廃止〉

2014年5月19日　第1刷発行
2014年6月　9日　第2刷発行

著　者――小松田　勝Ⓒ
発行者――齊藤　龍男
発行所――株式会社かんき出版
東京都千代田区麹町4-1-4 西脇ビル　〒102-0083
電話　営業部：03(3262)8011㈹　編集部：03(3262)8012㈹
FAX　03(3234)4421　振替　00100-2-62304
http://www.kanki-pub.co.jp/

印刷所――シナノ書籍印刷株式会社

ISBN978-4-7612-7001-8 C0030